Sociedad Civil: ¿Complemento de una democracia constitucional?

JUAN ESTEBAN CORRO JALPA

Sociedad Civil: ¿Complemento de una Democracia Constitucional?

Juan Esteban Corro Jalpa

México, 2018.

Título: Sociedad Civil: ¿Complemento de una
    Democracia Constitucional?
Autor: Juan Esteban Corro Jalpa
Ciudad de México, México, 2018.
Derechos Reservados ©
09-2018-102411073900-01
Ilustración de portada y contraportada: Elaboración del autor con uso de gráficos de Galina Peshkova, Supandi Munawi y Askold Romanov bajo licencia de depositphotos.com

Los derechos de esta obra son propiedad del autor. Por tanto, queda estrictamente prohibida la reproducción total o parcial por cualquier medio, incluyendo la fotocopia, sin autorización escrita del autor.

Contacto: estebancorro@gmail.com

En memoria de Natan y Javier, maestros de mi vida

ÍNDICE

Sociedad Civil: ¿Complemento de una Democracia Constitucional?

INTRODUCCIÓN	10
1. ¿Por qué hablar de sociedad civil moderna y democracia constitucional?	15
A. Consideraciones conceptuales	15
¿Qué es una democracia constitucional?	15
¿Qué es la sociedad civil?	20
Conceptual	20
Histórica	26
B. Un vínculo mutualista	30
¿Se debe involucrar sociedad civil en la gobernabilidad?	30
2. Elementos de un modelo de interacción	36
A. ¿Hacia dónde ir?	36
Tipo de modelo	36
Participantes	37
Mecanismos de interacción	38
Estratégicos (de planeación)	39
Tácticos (de coordinación)	40
Operativos (de acción colectiva)	41
Mecanismo de coordinación	41
Consejo Nacional de Participación de la Sociedad Civil	42
Consejos Nacionales de Participación temáticos y Consejos Estatales-Municipales de Participación	42

      Secretariado Ejecutivo   43
      Aspectos transversales   43
          Consenso   44
          Sistema de información   44
          Sectorización   45
  B. ¿Cómo dar seguimiento?   45
  C. Evaluación del modelo   47
  D. Innovación colaborativa como herramienta de evolución institucional constante.   49
3. Condiciones de aplicación   51
  A. Adecuación normativa   51
  B. Política Pública   53
4. Conclusiones   55
  A. Riesgos en modelo descrito y precisiones previas para facilitar ejecución.   55
  B. Conclusión general   56

"El desarrollo no versa tanto sobre la asignación de recursos ya existentes, sino sobre la movilización de recursos escondidos, dispersos o mal aprovechados."

ALBERT O. HIRSCHMAN

INTRODUCCIÓN

Distintos temas se encuentran presentes, en mayor o menor medida, en los espacios públicos, ya sean académicos, legislativos, gubernamentales, empresariales, sindicales, religiosos, de medios, entre otros, y conforme los temas circulan, se dialogan y debaten *libremente* (Salazar Ugarte, 2006:127-129), se va configurando la narrativa colectiva (Kenneth Galbraith, 1986: 40-46).

La presencia de cada uno de los temas que circulan y el impacto que generan en las audiencias se traduce en un aumento o disminución de su posicionamiento en la agenda pública. En otros términos, se puede considerar que la interacción pública, en la que la presencia y el impacto de unos temas sobre otros, representa lo que John Kenneth Galbraith señalaba como dialéctica de poder (Kenneth Galbraith, 1986: 88-105).

A través de la dialéctica de poder, los temas son

expuestos por actores e intervienen con el fin de influir en la toma de decisiones colectivas o generar una creencia en la audiencia para un determinado fin (Kenneth Galbraith, 1986: 88-105). Por ello, se puede afirmar que los mensajes emitidos por los actores son una forma de crear o fomentar hacia un sentido u otro, la opinión pública. En un panorama así descrito, es una realidad que existen voces que se expresan de manera libre a favor y en contra sobre determinado tema.

Un escenario como el que se describe anteriormente, también resulta común en un sentido, dentro de sociedades democráticas, incluida la de México. Como se detalla, el medio es libre para que los actores emitan mensajes de acuerdo a su libertad personal, de pensamiento, de reunión y de asociación (Salazar Ugarte, 2006:34).

En términos generales se puede afirmar que existe un acceso libre, además de la apertura visible que ha propiciado la masificación de medios digitales, sobre lo cual se analizará posteriormente.

En suma, es posible reconocer una dialéctica de poder más abierta y pluralista en sociedades democráticas, incluyendo la de México. Una dialéctica que se encuentra representada también en la arena electoral, es decir, las reglas del juego, sobre el *quién* (está autorizado para decidir) y el *cómo* (bajo qué procedimientos).

En el caso de México, estas reglas del juego en un sentido democrático constitucional,[1] se lograron tras enormes esfuerzos de distintos sectores sociales en el tiempo. Aunque hay que reconocer que en el presente ensayo, con esta afirmación no se da cuenta de la dimensión del proceso implicado, se plantea que después de la transición democrática iniciada en 1977 con las primeras reformas electorales que se tradujeron en cambios políticos (Becerra, et. al., 2011: 33-38) y la subsecuente consolidación mostrada en la elección presidencial del año 2000, se logró un cambio político que permite la posibilidad de colocar en la agenda política nacional -sin tener la necesidad ya de observar de manera prioritaria lo electoral- a una agenda sustantiva con la óptica de gobernabilidad en condiciones pluralistas (Becerra, et. al., 2011: 547).

En otras palabras, existe ya un acuerdo sobre los procedimientos para elegir a los gobernantes, pero lo siguiente es: ¿Cómo gobernar y bien?

Bajo la óptica de gobernabilidad en condiciones pluralistas surgen nuevas dudas, cuestionamientos y retos por los que se deberán realizar adecuaciones específicas que

---

[1] Con referencia a los conceptos que se analizan posteriormente en este trabajo.

optimicen una respuesta a las necesidades sociales. Con base en ello, en el presente trabajo se afirma que la inclusión de la sociedad civil en el proceso de toma de decisiones colectivas dentro del contexto de gobernabilidad democrática genera un vínculo indispensable con efectos positivos. Para lo cual, se requiere también de normatividad que establezca condiciones mínimas que faciliten la participación de la sociedad civil, así como normatividad de carácter procedimental, es decir, un marco jurídico que facilite la interacción entre sociedad civil y gobierno y permita en común la identificación de estrategias, objetivos y líneas de acción, así como responsabilidades y responsables en una óptica de transparencia y rendición de cuentas.

En este orden de ideas, se desarrolla el presente trabajo a través de tres capítulos temáticos y uno final de conclusiones. En el primero, *¿por qué hablar de sociedad civil moderna y democracia constitucional?*, se describe una breve noción de los términos sociedad civil y democracia constitucional, así como aspectos que se observan en un vínculo entre estos dos términos. En el segundo, *elementos de un modelo de vínculo*, se encuentran dibujados aspectos generales que pueden ser considerados para un establecer un marco de interacción y coordinación entre sociedad civil y gobierno. En el tercero, *condiciones de aplicación*, se desarrollan algunas consideraciones normativas y de política pública para facilitar establecimiento de marco de interacción descrito en el capítulo segundo. Y por último, se dedica un breve capítulo final para las conclusiones.

1. ¿Por qué hablar de sociedad civil moderna y democracia constitucional?

A. Consideraciones conceptuales

Conceptos como democracia constitucional y sociedad civil son susceptibles de generar un número amplio de debates, sin embargo, para fines del presente trabajo conviene partir de nociones mínimas, es decir, una referencia que permita especificar a qué significado se refiere el trabajo y a cual no. Al partir de un común, la idea es reducir espacios de confusión en cuanto a estos términos, pero ampliar el debate en lo siguiente.

¿Qué es una democracia constitucional?

Dado que es un concepto con dos grandes orígenes, se desarrolla cada uno por separado, para después señalar una definición conjunta.

Respecto a la democracia, podría recuperarse la definición clásica *"poder o gobierno del pueblo"*, incluído el orígen latino en los términos "demos" y "cratos" para iniciar, pero se puede presumir que esa definición ha sido ampliamente difundida y se encuentra en la mente, incluso de manera involuntaria cuando se encuentra presente este tema.

Una definición con alto consenso es precisamente la propuesta por Norberto Bobbio, al referir que es un sistema de gobierno al que le aplican una serie de reglas del juego: "universales procedimentales" (Bobbio, 2003: 381), que sin las cuales, no se puede llamar al sistema que se analice, como un sistema democrático, es decir, una democracia moderna también. Sin que se cumpla una de las reglas, una determinada sociedad podría ser una democracia aparente, pero no una democracia plenamente.

Conviene entonces señalar a continuación las reglas: a) Todos los ciudadanos con mayoría de edad, sin distinción de raza, de religión, de condición económica o de sexo, deben disfrutar de los derechos políticos, es decir, que cada uno debe tener derecho a expresar la propia opinión o de elegir a quien la exprese por él;

b) cada voto debe tener igual peso; c) deben ser libres de votar de acuerdo a su propia opinión formada libremente, en una competencia libre entre los grupos políticos organizados; d) los ciudadanos deben encontrarse en condiciones de elegir entre soluciones diversas, es decir, entre partidos con programas distintos y alternativos; e) debe valer la regla de la mayoría numérica, para determinar ganador en las elecciones como para las decisiones colectivas; f) ninguna decisión tomada por mayoría debe limitar los derechos de la minoría, en especial el derecho a convertirse a su vez en mayoría en igualdad de condiciones (Bobbio, 2003: 381).

Estas reglas resultan también, en algún sentido, prácticas para analizar e identificar a una sociedad y su grado de democraticidad, es decir, representan un criterio objetivo para determinar si es o no democrática una sociedad. Bajo esta óptica resulta útil señalar que si bien estas reglas se pueden considerar condiciones de la democracia, los derechos fundamentales de libertad personal, de pensamiento, de reunión y de asociación son sus precondiciones o presupuestos de la democracia (Bobbio, 1996: 6) y también son conocidas como las libertades de los modernos (Becerra, et. al., 2011: 566). En suma, sin estos derechos, no podrían aplicarse las reglas del juego democrático.

Es necesario precisar que de estas reglas sobresalen la primera y la última: todos los ciudadanos con mayoría de edad deben disfrutar de los derechos políticos y ninguna decisión tomada por mayoría debe limitar los derechos de la minoría. Estas dos premisas nos permiten resaltar, por una parte, el acceso necesario al ejercicio de los derechos políticos, y por otra, la protección de los derechos de la minoría, incluyendo el derecho a competir para ser mayoría, es decir, en un sentido amplio, se protege la continuidad del sistema mismo.

Resulta entonces útil para este trabajo señalar que una democracia es un sistema de gobierno en donde se aplican estas reglas del juego, la reglas sobre el quién y el cómo.

Ahora bien, respecto al término constitucional, para describir brevemente su noción es oportuno señalar que el término, bajo la óptica del presente trabajo, es el usado como derivación del término constitucionalismo. Se puede entender al constitucionalismo como una forma de concebir el conjunto de reglas que dan identidad a un ordenamiento jurídico, es decir, a la constitución. Esta concepción comprende dos condiciones: protección de los derechos fundamentales -como limitación al poder del Estado- y la separación de poderes (Salazar Ugarte, 2006: 85-91).

Ambas condiciones que se presentan en el constitucionalismo son producto de un desarrollo social-jurídico-histórico-económico que para fines del presente sería extenso retomar. Sin embargo, no se omite indicar que representan conceptualmente la materialización de una parte del pensamiento contractualista que se establece normativamente en Estados Unidos, con la

Declaración de Independencia en 1776 y en Francia con la Declaración de los Derechos del Hombre y del Ciudadano de 1789 (Salazar Ugarte, 2006: 84),[2] como primeros documentos en la historia que comprenden estos dos elementos, y que como tal, configuran un Estado Moderno (Salazar Ugarte, 2006: 84).

Tras esta muy breve reseña conceptual, corresponde indicar que se puede definir la democracia constitucional como una forma de gobierno en la que el ejercicio del poder de decisión colectiva -de acuerdo a las reglas del juego- se encuentra formal y materialmente limitado.

En el caso de México, por ejemplo, existen aspectos formales y materiales que permiten afirmar que es una Democracia Constitucional.[3] Las reglas del juego se encuentran en la Constitución, así como el principio de separación de poderes, y el reconocimiento y protección de los derechos fundamentales, a partir del artículo 1°; mismos que limitan el ejercicio del poder del Estado.

Pero, si bien se puede hablar de un Estado Moderno, ¿es posible hablar de que su sociedad sea moderna?

---

[2] Aunque ya se había promulgado Bill of Rights y Carta Magna en Inglaterra, se considera que no comprenden los dos elementos.
[3] La Constitución Política de los Estados Unidos Mexicanos así lo permite identificar.

¿Qué es la sociedad civil?

A continuación se visualizan dos vías para tratar de dibujar éste ente que ha ganado espacio en la realidad política: *conceptual e histórica*

Conceptual

Al respecto es oportuno retomar algunos de los autores que han abordado la idea.

George Foster y el destacado, Thomas Jefferson señalaron que sociedad civil era la expresión terrenal de los derechos naturales dados por Dios (Keane, 2009: 3). Por su parte, Durkheim la definió como una expresión espontánea de grupos de amor, bondad y fraternidad (Keane, 2009: 3). Inclusive, Karl Marx señaló al respecto que es un momento pasajero dentro del desarrollo y surgimiento de la moderna sociedad burguesa (Keane, 2009: 3). En ello coincide con Rubinstein, al señalar que sociedad civil se desarrolló a la par de las clases sociales, por lo que después propone la creación de un marco igualitario para su funcionamiento (Rubinstein, 2002: 171). En cuanto al caso de Estados Unidos, Alexis de Tocqueville señalaba que era notable la proclividad que se tenía en el país para formar asociaciones que enfrentarán los problemas públicos y ello era en parte por la importancia que se le asignaba a las asociaciones en el rol de la práctica democrática (Couto y Guthrie, 1999: 37-38). Dentro de esa observación, afirmó que la sociedad civil, como estructura intermedia entre esfera pública y privada, promueve el prospecto democrático de incremento de igualdad social, igualdad económica y vínculos comunitarios, por medio de la defensa u otorgamiento de nuevas cantidades y formas de capital social (Couto y Guthrie, 1999: 37-38).

En este orden de ideas, Robert Nisbet señaló que son asociaciones intermedias, dentro de las cuales, los individuos adquieren vínculos primarios de amistad, afecto, prestigio y reconocimiento. Además que son una respuesta a la tendencia moderna de centralización y crecimiento organizacional en el gobierno y la economía; y que por otra parte, ayudan a la estabilidad en el crecimiento del mercado, puesto que intervienen para nivelar excesos del libre mercado y del gobierno (Couto y Guthrie, 1999: 38). Se asocia esta noción con la idea de limitar al gobierno y evitar gobiernos totalitarios. De manera similar, David Sills afirma que estas asociaciones intermedias además de nivelar los excesos del poder, ayudan a distribuir el poder político; lo cual permite lograr un balance y eso lo consideró como una buena política (Couto y Guthrie, 1999: 38-39).

Con el fin de generar información al respecto, en Estados

Unidos, la denominada Comisión Filer, concluyó que son organizaciones que inician nuevas ideas y procesos, desarrollan política pública, apoyan intereses locales o de minorías, proveen servicios que el gobierno no realiza, monitorean al gobierno y al mercado, vinculan sectores sociales, activan sentido de ciudadanía y altruismo (Couto y Guthrie, 1999: 42).

Por otra parte, Lester Salamon, señaló que la sociedad civil se puede ver bajo tres perspectivas. Primera, como un prerrequisito de la democracia; Segunda, como un impedimento de la democracia; o, Tercera, como irrelevante para la democracia. Al respecto, afirma que es un prerrequisito de la democracia, y prueba de ello son los elementos de estas organizaciones: libertad, equidad y acción política (Couto y Guthrie, 1999: 64-67). E inclusive, amplió el concepto al indicar que proveen de recursos morales a la comunidad que hace posible el mercado capitalista, y en términos económicos, mitigan las externalidades negativas del mercado y la inequidad de bienes públicos (M. Salamon, 1994: 251-252).

También sobre ello, el destacado académico, Robert Dahl señaló que es una esfera intermediaria, es decir, una instancia que funge como puente hacia el núcleo del sistema político y por lo tanto, lleva la intermediación de intereses basados en la representación funcional, territorial y administrativa (Hengstenberg, et. al., 1999: 371-456).

Con mayor especificación, Richard A. Couto señaló que estas organizaciones tienen tres cualidades en general: Primero, comparten un nuevo sentido de comunidad que envuelve gente nueva y desconocida; Segundo, involucran en su operación recursos morales como confianza, cuidado, entre otros; Y, Tercero, crean sentido de solidaridad a los conocidos y amigos de quienes participan (Couto y Guthrie, 1999: 207).

En ese sentido, Marina Caparini y Philipp Fluri, afirman que sociedad civil se refiere a la asociación voluntaria en grupos y la expresión pública de intereses y valores sobre las cuales están fundadas (Caparini y Fluri, 2002: 51).

Al respecto, John Keane también indicó que es un conjunto complejo y dinámico de instituciones no gubernamentales legalmente protegidas que tienden a ser no violentas, auto organizadas, auto reflexivas, y permanentemente en tensión, tanto entre sí, como con las instituciones gubernamentales que monitorean, constriñen y permiten sus actividades (Keane, 2009: 3-4). Además de ello, precisó que la sociedad civil es el significado de pluralidad, es el guardián de la diferencia (Keane, 2009: 3).

A su vez, Silvia Conde Flores y otros autores, señalan que

son espacios de participación ciudadana en los que no se busca el poder político, sino incidir en los asuntos públicos bajo la premisa de corresponsabilidad en la construcción social del país mediante la solución de problemas en común y acciones para influir. Además que reconocen que la cooperación entre sector público y sociedad, fortalece la democracia (Conde Flores, et. al., 2015: 153).

Por último, Sergio García y otros autores, en el trabajo *Agendas ciudadanas para el fortalecimiento de la sociedad civil,* precisan que sociedad civil es un espacio de pluralidad y diversidad, un espacio para la innovación puesto que se encuentran con problemas, bajo un enfoque local o micro, ante los cuales se cuentan con escasos recursos para su solución. En especial, son un actor fundamental para la gobernanza (García, 2007: 8-9).

Estas distintas nociones expresadas sirven para tener un significado común sobre sociedad civil y dan una breve nota de la importancia que ha ganado la sociedad civil como un ente vivo en la dinámica política.

A partir del desarrollo conceptual expuesto, es posible retomar algunos elementos para modelar lo que se propone en este cuestionamiento dar respuesta. Con esta afirmación se advierte que puede considerarse exagerado por algún sector la utilización de algunos conceptos para configurar una propuesta de aproximación, sin embargo, en el presente se encuentran algunos elementos que permiten delimitar el concepto de sociedad civil, y en términos amplios, de sociedad civil moderna.

En consecuencia, retomando el esquema conceptual de Norberto Bobbio para definir democracia, y los criterios para identificar a la sociedad civil de Lester Salamon (M. Salamon, 2015) estos aspectos son los que se proponen como *reglas de sector intermedio* para identificar a una sociedad civil moderna:

1. Sector intermedio e independiente al sector público y privado.
2. Ajena a la búsqueda de cargos de elección popular.
3. Participación voluntaria.
4. Sin fines de lucro, los ingresos no sean distribuidos entre los miembros.
5. Organizada, aunque no bajo una normatividad en específico, si con una estructura de organización interna, metas definidas y actividades constantes.
6. Autonomía técnica, de gestión, y presupuestaria.
7. Representar y actuar conforme a valores democráticos respecto a sus miembros y en el exterior.
8. Posibilidad de incidir y propiciar la gobernabilidad democrática.
9. Actúa e incide efectivamente en coordinación con el

Estado y sector privado, en decisiones colectivas y acciones comunitarias.

10. Promueven transparencia y rendición de cuentas al interior y exterior.

Con estos aspectos generados se tiene una referencia que será útil para los siguiente capítulos.

Histórica

Como breve recuento histórico, sociedad civil es un concepto que se ha analizado con mayor auge desde el siglo XVIII. John Keane, señala que propiamente como concepto nace y tiene un auge en Europa dentro del periodo revolucionario, siglo que abarca de 1750 a 1850, y tras ese lapso, el concepto emigra a todo el mundo, sin embargo, posteriormente es olvidado y resurge en el debate público a partir del fin de la Segunda Guerra Mundial (Keane, 2009: 1-3).

Durante el periodo revolucionario Europeo, se considera que la sociedad civil tiene una transformación independiente a la del gobierno. Se identifican como sectores separados a las instituciones de gobierno y a los civiles, como son los mercados, grupos con fines caritativos, clubes, asociaciones de voluntariado, iglesias y editoriales (Keane, 2009: 1-3). En un sentido amplio, se reconoce que a partir de la interacción que se dio en este periodo entre sociedad civil y gobierno, sociedad civil puede ayudar a contener el poder despótico y participar con un rol activo en la transición hacia la democracia y en su consolidación (Keane, 2009: 1-4).

Con la experiencia europea se afirma que una sociedad civil puede iniciar transiciones democráticas, ayudar a contener sus regresiones, generar alternativas políticas y mantener limitados o restringidos a gobiernos y estados post-autoritarios (Keane, 2009: 1-4).

Tras el periodo revolucionario, es hasta la segunda posguerra que el término regresó a la dialéctica de poder. Junto con los acuerdos de paz, aumentó la creación de negocios no gubernamentales y organizaciones civiles con alcance nacional e internacional, con el soporte de la globalización (M. Salamon, 1994: 251-252) y del derecho humanitario, así como por el sentido compartido de responsabilidad social entre ciudadanos de todos el mundo (Keane, 2009: 1-4).

En contextos regionales se encuentran reconocidas actuaciones que tuvo sociedad civil ante escenarios adversos a los derechos humanos, es decir, en Estados que su población encontró vulnerabilidad de existencia democrática, en gobiernos totalitarios o dictatoriales, tuvieron una presencia que hacía visible lo que se pretendía ocultar. Casos de este tipo tuvieron lugar en Asia, Europa del Este y América Latina (Caparini y Fluri,

2002: 51-62).

En México, en términos generales se indica que el crecimiento de la influencia de organizaciones de la sociedad civil, en la forma en la que se conocen hoy, surgió a partir del terremoto de 1985 (Alcázar y Mendoza, 2017).

Existe, sin embargo, un antecedente de esfuerzo colectivo en la época prehispánica con el llamado tequio, aunque no se ignora que era de carácter obligatorio y por lo tanto, no se entendería como lo que se conoce hoy.

Pueden encontrarse también registros históricos de la participación de la sociedad civil en la Independencia y en la Revolución Mexicana, sobre los cuales habría que dedicar un estudio en concreto, pero se rescata para este trabajo la idea de la influencia que tuvieron grupos de intelectuales, grupos económicos y religiosos.[4] Posterior a ello, es la actividad en la denominada "Guerra Cristera", con las agrupaciones de carácter religioso como la Asociación Católica de la Juventud Mexicana, mejor conocida como ACJM, a inicios del siglo XX (H.L. Schlarman, 2002: 593-617). También, en esos años, en 1928, se formaba el Partido Nacional Revolucionario, y

---

[4] Estos grupos compartieron valores que impulsaron para posicionar en una agenda. Sin esas ideas, no habría sido posible que lograran directa o indirectamente incidir en el curso político de su época, una fuente para conocer con mayor detalle: (H.L. Schlarman, 2002).

con ello, se convocaba a integrarse a todas las organizaciones sociales existentes (Instituto de Capacitación Política, 1981).[5]

En tiempos más recientes, se encuentra un antecedente elemental para el cambio político mexicano en 1968 con agrupaciones estudiantiles y activistas (H.L. Schlarman, 2002: 717-720).[6] En seguimiento al proceso del cambio político, como se indicó en la introducción, en 1977, año en el que se considera el inicio formal del cambio político, puesto que es cuando se traduce en modificaciones materiales en la ley, se convocaron a organizaciones civiles a participar en las audiencias públicas creadas para sentar las bases de la reforma electoral (Becerra, et. al., 2011: 77-96). A partir de ese momento, se involucraron en los subsecuentes procesos de diálogo que dieron lugar a las reformas electorales de mayor cambio en la legislación mexicana: 1986, 1989-1990, 1993, 1994, 1996 y 1997 (Becerra, et. al., 2011).

En 1995, se tuvo una primera reunión nacional de todas las organizaciones sociales con el fin de establecer un acuerdo general con el gobierno federal. En esta reunión coincidía sociedad civil en que hacía falta una

---

[5] Primer Manifiesto del Comité Organizador del Partido Nacional Revolucionario, 1°de diciembre de 1928.
[6] Aunque se unieron a las protestas otros sectores sociales, no sólo estudiantiles.

rehabilitación del país en todos los aspectos, y que debía ser "desde abajo", es decir, desde los espacios micro y locales, a los macro de lo público; existía una unión en la exigencia de representación (Olvera, 1999: 158).

En ese contexto, se encuentra antecedente también del denominado Grupo San Ángel, Seminario del Castillo de Chapultepec, la reunión 60 puntos de reforma política (Olvera, 1999: 158-162). Así como la participación en los acuerdos nacionales: Acuerdo Político para el Desarrollo Nacional (2001), Acuerdo de Chapultepec (2005), Acuerdo Nacional por la Seguridad, Justicia y Legalidad (2008), Pacto Nacional por la Paz con Justicia (2011) y Pacto por México (2012).[7] Y de manera destacada, la realización de la masiva Marcha por la Paz, el 30 de agosto de 2008 (Ortega, 2008).

Hasta aquí esta reseña histórica.

B. Un vínculo mutualista

¿Se debe involucrar sociedad civil en la gobernabilidad?

En consideración al desarrollo conceptual anterior, por un lado se afirma que se encuentra en presencia de una democracia constitucional cuando se pueda identificar la presencia de las reglas del juego, así como un cuerpo

---

[7] Se encuentran estos ejemplos, pero en tiempos que anteceden, pueden existir otros que convendría retomar.

normativo con carácter de constitución dentro del cual se establece la protección de derechos fundamentales (como limitación al poder del Estado) y la separación de poderes (como distribución de poder). Y por otro lado, una sociedad civil moderna cuando se pueda identificar la materialización de las reglas del tercer sector dentro de una democracia constitucional.

Destaca que han ganado espacio en la narrativa política mecanismos de participación propios de la democracia participativa, es decir, consultas públicas, referéndum, entre otros. Sin embargo, aun con la participación en elecciones de este tipo, se observa que dicha participación se traduce en un solo acto, un acto que se consume al expresar el voto sobre lo que se consulta. Ante esta percepción, existe una oportunidad estratégica para que se incorporen mecanismos con impacto contínuo. Es decir, instrumentos establecidos que habiliten a la ciudadanía a participar de manera contínua en el diseño y ejecución de política pública en general.

Como analogía, si bien el poder judicial cuenta con la figura de amicus curiae y el poder legislativo con la figura de parlamento abierto, conviene proponer que el poder ejecutivo, cuente con una sociedad civil moderna.

Al respecto, se comenta que los ciudadanos por medio de una organización autónoma son el único camino para exigir al Estado un gobierno en favor de la población y no del capital económico (Salinas, 2010: 202). Y por lo tanto, la democracia, no se agota en el ejercicio del gobierno en representación de la mayoría, no se agota en el ejercicio del voto para su elección. (Salinas, 2010: 204-205).

A partir de estos elementos, conviene visualizar algunas ventajas de una interacción contínua.

Como un sector intermedio, la sociedad civil es un puente efectivo entre la demanda de bienes sociales por la población y la oferta de esos bienes por parte del Estado. Además, que da representación como intermediario bajo la premisa de valores democráticos y la promoción de transparencia y rendición de cuentas.

Es complejo el desarrollo constante de un Estado, la necesidad y satisfacción de bienes sociales en el marco de una escasez de recursos impone un reto bajo el cual, la apertura a nuevas formas de canalizar el capital social y su fomento, resultan como alternativa viable e indispensable.

Por dar un ejemplo sobre la dimensión de este sector, en México, el tercer sector alcanzó en el PIB de 2016 un monto de 559 mil 490 millones de pesos, lo que representa un 3% del PIB del país (Dirección de atención a medios, 2018). Un monto que se logra por las más de 60 mil organizaciones estimadas en el país (Alcázar y

Mendoza, 2017).

Como analogía a lo indicado por Giovanni Sartori al hacer referencia a que las reglas electorales eran la "parte viva" de una Constitución (Sartori, 1980: 21-52), también se puede afirmar que la gobernabilidad es la "parte viva" de una democracia constitucional, y en consecuencia, es menester la participación activa y pluralista de la sociedad civil para mantener un equilibrio en la dinámica dentro del proceso de toma de decisiones colectivas. Inclusive, sobre ello se advierte en la Cartilla Ciudadana al mencionar que la mera existencia la sociedad civil no hace que un gobierno sea más democrático (Conde Flores, 2015: 153). María Isabel Wences Simon señala sobre Adam Ferguson que debe existir un balance en la fuerza de gravedad de la sociedad, es decir, una fuerza que se encuentra integrada por dos fuerzas complementarias, una de la autoconservación y otra, la de la sociedad. Y no puede ganar una a la otra, sino, que su fuerza es el equilibrio mismo (Wences Simon, 2006: 114).

Es relevante al tema lo que reveló el proyecto denominado Estructuras de Mediación. Tras realizar estudios al respecto, encontró que las organizaciones civiles fortalecen el pluralismo y voluntarismo. Sin embargo, identificaron que por parte del Estado, se realizan programas sociales de manera independiente a los vínculos comunitarios ya existentes, por lo que se vuelve más costosa su implementación. De otro modo, se toma en consideración a la comunidad bajo esquemas de participación que no se traducen en participación real, puesto que únicamente se utiliza su participación para acreditar algún tipo de legitimidad aparente (Couto y Guthrie, 1999: 44).

Estos hallazgos permiten conocer una realidad existente, un área de oportunidad central para la dinámica entre sociedad civil y gobierno, y con base en ello, se visualizan algunos aspectos a considerar para equilibrar la balanza. Aunque hay que reconocer que existe una natural tensión entre las dos partes, se debe aspirar a un equilibrio práctico.

Si bien, actualmente, se encuentra presente la sociedad civil en diversas actividades, también es cierto, por un lado, que la interacción con el gobierno se encuentra, en algunas ocasiones, sujeta a un espacio de arbitrariedad. Es decir, la participación y el grado de ella en las decisiones colectivas, así como en acciones comunitarias, se encuentra sometida a la voluntad de las instituciones del Estado, en algunas veces; y por otro lado, sociedad civil ejerce presión, en otras, para encauzar la actuación gubernamental en las formas y modos que consideran idóneos unilateralmente. Entonces, se escuchan dos voces con intención de ser escuchadas, pero sin lograr un consenso, sin una sintonía, ni pauta, más que la de la confrontación o discusión.

Ante ello, se considera pertinente proponer la expedición de una normatividad marco que sirva de *modelo de interacción* y brinde por lo tanto la oportunidad de estructurar la interacción entre sociedad civil y gobierno, y de este modo, se pueda contar con un marco institucional. Con esto se procede a reconocer la evolución de la misma interacción, de manera que la fuente de poder, se limitaría a la organización principalmente, y no a la personalidad o propiedad, en términos de John Kenneth Galbraith (Kenneth Galbraith, 1986: 70-87). Cuestión que integra lo que es un buen gobierno (Grindle, 2005: 2).

Recurrir a la organización es institucionalizar, pero no bajo una lectura de burocratizar -en un sentido negativo- o alentar, sino establecer un esquema normativo de carácter procedimental, que tenga como principios el pluralismo, la igualdad de acceso a la participación, la participación genuina y la coordinación efectiva entre las partes.

En ese sentido, un esquema normativo mínimo genera certeza jurídica, pero también certeza en los contrapesos políticos, de manera que como lo señala Joshua D. Potter y Margit Tavits, se tiene una *claridad de responsabilidad.* En otras palabras, se vinculan las responsabilidades con los responsables de manera clara, por lo que los ciudadanos pueden monitorear más fácil a quienes toman las decisiones y entonces asignarles responsabilidad por sus decisiones -incluyendo la decisión de no decidir-, y por otra parte, los políticos -en este caso serían los servidores públicos también- tienen menos oportunidad de desviar su culpa (Potter y Tavits, 2011: 53).[8]

Una normatividad en este contexto debe estar orientada también a reducir costos para la sociedad, optimizar el capital social y mejorar calidad de políticas públicas.

2. Elementos de un modelo de interacción

A. ¿Hacia dónde ir?

Para aproximarse a la idea de la configuración de una normatividad mínima que sirva de modelo de interacción entre sociedad civil y gobierno, se observan algunos elementos que pueden ser de referencia.

Tipo de modelo

A partir del contexto democrático en el que tiene lugar

---

[8] Este concepto concentra una idea que se considera práctica y viable. Es tener información de quién es responsable de qué. Sin esta línea, no se puede realizar una valoración de las acciones públicas.

esta interacción, debe incorporarse al pluralismo como principio rector. El modelo se puede concebir como un resultado moderno de la suma de los procesos históricos propios de la democracia constitucional y sociedad civil, y en consecuencia, conlleva la necesidad de salvaguardar los valores democráticos de su origen.

Corresponde entonces definir que el tipo de modelo propuesto es uno pluralista, la participación de diversos grupos sociales, incluyendo grupos vulnerables, con valores e ideologías distintas en el proceso de toma de decisiones es la cualidad que define su naturaleza.

Acorde con esto, el modelo considera dos aspectos centrales: mecanismos de interacción y de coordinación. En cuanto a la interacción se describen mecanismos bajo los cuales puede facilitarse la comunicación, intercambio de ideas, definición de agenda común, así como acciones en concreto; y por lo que respecta a coordinación, se describen elementos de una estructura mínima que permita comunicación entre los mecanismos de interacción.

Participantes

En atención al pluralismo, principio rector de este modelo de interacción, todos aquellos que tengan un interés y un contenido que aportar serían los que probablemente generarán condiciones para un consenso, y en consecuencia, serían los más adecuados para participar. Sin duda, facilitará el proceso de consenso y la coordinación, una identificación de representantes de sociedad civil y gobierno. Adicionalmente, si se cuenta con las posibilidades de asignar un responsable por tipo de mecanismo, permitirá una dinámica más fluida y una delegación práctica de los acuerdos logrados. El trabajo en equipo es parte del éxito en este tipo de ejercicios, y el equilibrio en la participación, dependerá de la moderación y del formato que se defina a realizar en cada mecanismo de interacción.

Inclusive, deberá considerarse que para tema específicos, permitirá un mayor debate la participación de actores técnicos en la materia, de manera que se cuente con información especializada en ambos sectores, es decir, público y sociedad civil. Sin información especializada, el debate sobre ciertos temas, no generará decisiones colectivas positivas, lo que se traduce en políticas públicas deficientes.

Mecanismos de interacción

A continuación se enuncian algunos mecanismos identificados que pueden permitir una dinámica fluida y una alta generación de consensos (Briggs, 1998).[9] Para facilitar la realización de cualquiera de estos, ayuda tener una definición sobre el sector objetivo sobre el que se interactúa, dependiendo del bien público de que se trate. Por ejemplo, salud, educación, seguridad, etc. Con eso definido, pueden clasificarse estos mecanismos en estratégicos, tácticos y operativos, de acuerdo con la dimensión o alcance del contenido que se defina atender en ese espacio.

1. Estratégicos (de planeación)

Son aquellos espacios diseñados con el fin de establecer una planeación conjunta, se define un plan de largo plazo, una agenda común de objetivos, prioridades y en su caso, una ruta crítica para establecer acciones que permitan alcanzar los objetivos por parte de quienes representan sociedad civil y gobierno. A partir de estos, pueden delegarse ciertos aspectos a los otros mecanismos para su realización.

Por ejemplo, un foro nacional o un grupo de trabajo convocado, en el que se señale dentro del orden del día la definición de tres objetivos como agenda central. Dentro de ese mecanismo, se definen objetivos, se comparte información que facilite toma de decisiones dentro de la

---

[9] Esta referencia es muy clara y práctica para conocer los principios y elementos para llevar a cabo un proceso de consenso (Briggs, 1998)

interacción y se establecen compromisos claros y monitoreables de acuerdo a un plan de trabajo compartido.

2. Tácticos (de coordinación)

A través de estos es posible definir la serie de acciones que forman parte de una ruta crítica general, es decir, de acuerdo a la planeación realizada en un mecanismo estratégico. Se coordinan los representantes entre sí y participan en proceso deliberativo los responsables de realizar la acción colectiva, identifican y atienden aspectos previos útiles que faciliten la acción colectiva que se realice en los mecanismos operativos.

Por ejemplo, las mesas de seguridad y justicia, de las que destaca el caso de Ciudad Juárez, Chihuahua, permiten a los participantes planear acciones coordinadas, algunas de ellas se realizan de manera separada y otras en conjunto, pero sobre estas mesas se van buscando soluciones a problemas locales (Programa para la Convivencia Ciudadana y Fundación México SOS, 2015: 21, 93-100).[10]

---

[10] Esta referencia resulta muy útil puesto que retoma información que se generó a partir de la intervención de una política pública con elementos de una interacción dinámica entres sociedad civil y gobierno.

3. Operativos (de acción colectiva)

En estos mecanismos se llevan a cabo acciones en concreto bajo la supervisión de los responsables de realizar la acción colectiva por parte de sociedad civil y gobierno. Estas acciones son las decididas por consenso en los mecanismos tácticos, aunque, es importante reconocer que existe la posibilidad de atender a la flexibilidad ante acontecimientos que hasta que se realizan acciones en concreto, suceden de manera distinta a la planeada. Ante ello mismo, la flexibilidad como elemento dentro del esquema permite solucionar eventualidades sin perder de vista el objetivo establecido de la acción colectiva (Programa para la Convivencia Ciudadana y Fundación México SOS, 2015: 23-24).
Por ejemplo, se lleva a cabo una acción colectiva que consiste en limpia y la recolección de basura. Sin embargo, un día programado para ello, tiene malas condiciones climáticas.

Mecanismo de coordinación

Los mecanismos de interacción antes descritos pueden realizarse con base en una estructura administrativa que permita un desarrollo organizado, continuado y transparente. Es decir, un andamiaje institucional que brinde oportunidad de compartir información, problemáticas y soluciones que resulten de los mecanismos de interacción.

Consejo Nacional de Participación de la Sociedad Civil

Se puede considerar, primero, como órgano rector, la creación de un Consejo Nacional de Participación de la Sociedad Civil (CNPSS) como un foro en el que se utilice un mecanismo de interacción de tipo estratégico y a partir del cual se pueda desprender una agenda común, así como prioridades y directrices sobre la interacción misma, así como respecto a los temas acordados a interactuar, es decir, los temas conforme a bien público se trate. Por ejemplo, sobre salud, seguridad, educación, etc.

Los resolutivos que se generen servirán de directriz para los Consejos que se le deriven, clasificados por su tema o al orden jurídico que pertenecen, de acuerdo a la competencia. En otras palabras, pueden ser Consejos Nacionales de Participación temáticos -dependiendo el tema, por ejemplo, Consejo Nacional de Participación en Educación-, o Consejos Estatales-Municipales de Participación.

Consejos Nacionales de Participación temáticos y Consejos Estatales-Municipales de Participación

Esto lleva al segundo punto, la creación de Consejos Nacionales de Participación temáticos, también con el carácter de estratégicos, los cuales permitirían establecer de acuerdo a la agenda común del CNPSS, prioridades y directrices para los mecanismos de interacción que se desplieguen dentro de su tema o territorio de competencia.

Secretariado Ejecutivo

Por último, como figura administrativa se puede considerar un secretariado ejecutivo nacional y estatal-municipal, según el orden de que se trate, con el fin de optimizar recursos de tiempo, presupuestales y en especial, de información. Puesto que permitiría identificar de manera más concreta, dentro de la estructura en general, los acuerdos que se determinen, los responsables, los tiempos establecidos para su conclusión, es decir, permitiría contar con un seguimiento y monitoreo de la estructura misma de participación. Por lo que, corresponde de acuerdo con la disponibilidad actual de recursos digitales, plantear que se aplique una máxima publicidad del monitoreo y seguimiento de acuerdos, responsables, tiempos, así como sobre los recursos presupuestales que se destinen para las acciones involucradas.

Aspectos transversales

Se observan como aspectos a tener en consideración en todo proceso involucrado al consenso, sistema de información y sectorización.

Consenso

Para el consenso conviene realizar el proceso genuinamente, puesto que en la medida en que se atienda de esa manera, se podrán generar sinergias más sólidas y estables. De allí, que sea útil observar guías que permitan identificar acciones previas, así como condiciones para generar consenso (Briggs, 2008: 6-8). Además que considerando el principio pluralista, debe observarse la inclusión de todos los sectores, incluyendo en especial, grupos vulnerables.

Sistema de información

Contar con un sistema de información permitiría conocer en tiempo real de todo el proceso de interacción, por lo que brinda oportunidad de compartir información generada y tomar decisiones al respecto. O inclusive, como lo señala el Centro Stimson, generar un repositorio de aprendizajes y lecciones aprendidas (England y Boucher, 2009: 20). Dentro de este aspecto puede considerarse el uso de tecnologías de la información para optimizar tiempo y recursos, o inclusive para lograr una interacción más dinámica, por ejemplo, considerar casos como el proyecto denominado Code for America, por el que a través de diferentes programas y con la asistencia de herramientas digitales, logran solucionar problemáticas de servicios públicos, ciudadanía y gobierno.

Sectorización

En cuanto a la sectorización se refiere a la interacción categorizada por temas, inspirado en el modelo de interacción holandés entre sociedad civil y gobierno, el cual permite concentrarse por categorías temáticas, y con base en ello, dan una mejor y estructurada interacción, sin que se considere una división de la sociedad civil en su conjunto (Raad voor het Regeringsbeleid y Scientific Council for Government Policy, 2007: 5-6).

B. ¿Cómo dar seguimiento?

En el caso de optar por el establecimiento de una estructura administrativa general, la figura del secretariado ejecutivo permitiría enfocar atención a los indicadores que se acuerden en la interacción y con base en ello, establecer acciones en concreto. En este orden, para dar seguimiento se ve práctico tomar en cuenta los mecanismos de interacción, sin embargo, debiera destinarse o delimitarse previamente que el objetivo de la realización de alguno de ellos consistirá en la supervisión y seguimiento de los objetivos planteados. Dentro de los mecanismos, se sugiere el estratégico, puesto que en ese tipo se concentra la información completa de todas las labores que forman parte del plan y con la información conocida es más viable llegar a acordar elementos de solución a problemas encontrados o a replicar esquemas que producen buenos resultados.

Algunas herramientas prácticas para supervisión que se utilizan en casos reales son las mesas de coordinación en temas estratégicos, por ejemplo, Caso Cosmos en Querétaro. Por medio del denominado Modelo Cosmos, dentro del gobierno estatal de Querétaro, se tienen programadas reuniones periódicas entre representantes del poder ejecutivo, judicial y de las instituciones de seguridad. En estas reuniones se da seguimiento al modelo mismo, y sobre ello, se da solución a cuestiones que detuvieron acciones, ya sea una falla en el flujo de información o un mal entendimiento entre operadores, por mencionar un ejemplo (Sistema de Justicia Oral Querétaro, 2017).[11]

Un aspecto muy relevante en una gestión de este tipo es la supervisión de acciones conjuntas y la constante necesidad de asegurar el sentido de dirección (Couto y Guthrie, 1999: 246-247).[12] Para lo cual, también como

---

[11] Poco conocido este modelo pero se reconoce su efectividad para generar acuerdos de alta dirección, así como la respectiva supervisión.

[12] En esta referencia se encuentra de manera muy clara el conjunto de procesos que se identifican en la evolución de una organización de la sociedad civil. Sin duda, aporta un marco sobre el cual, los

ejemplo se puede retomar el mencionado anteriormente de Code for America, y por medio de participación bajo un modelo -de lo que se conoce en el medio informático- código abierto, se abra una convocatoria pública para diseñar un sistema informático que permita identificar avances, problemas, actores y los objetivos que se determinen, pero bajo un enfoque de claridad y facilidad para el usuario. Inclusive, sistemas de valoración o calificación como los usados en recientes aplicaciones digitales pueden resultar útiles puesto que se puede conocer la valoración sobre servidores públicos, así como los actores de sociedad civil que participen.

C. Evaluación del modelo

La transparencia y la rendición de cuentas son un factor clave para consolidar una interacción en el sentido deseado. Por ello, será necesario abordar una óptica de datos abiertos que permitan a la ciudadanía conocer de las acciones realizadas, los logros obtenidos y los recursos destinados a ello. En este sentido, el concepto de contraloría social, en el que los participantes son también responsables de ejercer contraloría social,

---

interesados en el tema, pueden tener una base sobre la cual se pueden diseñar políticas públicas que faciliten el tránsito entre las fases de evolución y con ello, fortalecer estas organizaciones.

permite definir la información a recopilar para ser analizada y procesada en reportes que darán una vista sobre las actividades y resultados que se generen con motivo de la interacción (De la Rosa Medellín). En atención a los criterios señalados por instituciones reguladoras en la materia, se cuenta ya con datos que pueden ser utilizados. De manera que puede analizarse qué tipo de información puede ser útil conocer. Inclusive debe considerarse utilizar formatos amigables para el usuario, puesto que el mero cumplimiento de normas de transparencia, no en todas las ocasiones resulta en efecto útil y de apoyo para el usuario. Encuestas abiertas sobre el desarrollo de la interacción misma, podría dar una señal de los avances que se estén actualizando.

Se propone entonces utilizar una serie de indicadores de evaluación del desempeño, de cumplimiento y de gestión. Lo que en conjunto permitirá generar información que puede ser utilizada para implementar una política de mejora contínua del modelo. En este sentido, se puede considerar al modelo como un punto de partida y no como uno acabado. Y para ello es útil el manual que elaboró la OEA para facilitar la participación con sociedad civil, dentro del cual se proponen algunos indicadores como guía (Secretaría de Relaciones Externas, 2010: 63-66).

D. Innovación colaborativa como herramienta de evolución institucional constante.

En organizaciones modernas se toma en cuenta la experiencia de todos los involucrados para expandir el potencial de la misma organización. Un método que permite crear alternativas para solución de retos es la innovación. Al respecto, conviene traer a cuenta el ejemplo de la empresa Atlassian, una empresa de software que ejecuta una política de innovación colaborativa en todo su personal, es decir, abre la vía para que el personal de todas las áreas desarrolle una propuesta de innovación para la organización (Garfield, 2015) [13] Inclusive, esto en términos de Albert O. Hirschman podría ser una forma de expresar la voz, y si es tomada en cuenta para mejorar la calidad, hace posibles las condiciones para generar lealtad a la organización (Hirschman, 1977: 78-104).

Además, es necesario mencionar que existe una posibilidad de que la calidad se deteriore aún más en el caso de darse la salida de un participante en un bien público. Conviene tomar en cuenta la idea de Hirschman

---

[13] Es un ejemplo de política interna amigable con la innovación, además que se encuentra establecida bajo una estructura, puesto que se destina un tiempo de 24 horas al trimestre para concretar una propuesta en específico de solución.

sobre la salida en el caso de bienes públicos, puesto que a diferencia de bienes privados, aunque uno se salga de un bien público en particular, seguirá formando parte de la colectividad. Claro es el caso de la educación con el que ejemplifica que al salirse uno de una escuela pública por una baja calidad, con el tiempo, se logrará deteriorar aún más la calidad de ese bien público (Hirschman, 1977: 97-104).

En resumen, todo el capital social es necesario y estos elementos están diseñados para crear una estructura que facilite los procedimientos por los cuales se realizan las decisiones colectivas y las acciones comunitarias. En otras palabras, se busca configurar un marco de referencia que sirva de base mínima para la interacción, y sobre ella, operen libremente las dinámicas que generan contenidos en concreto de política pública.

3. Condiciones de aplicación

A. Adecuación normativa

Si bien destaca que actualmente en México se cuenta con normatividad fiscal (Ley de Coordinación Fiscal), así como las leyes Ley Federal de Fomento a las Actividades Realizadas por Organizaciones de la Sociedad Civil, Ley General de Desarrollo Social y Ley General del Sistema Nacional de Seguridad Pública, se puede afirmar que existe la necesidad de establecer un marco general de operación, con independencia a la materia de la que se pretenda atender.

Necesario un sistema que de espacio y abarque todas las expresiones de la sociedad civil y permita una interacción con elementos como los descritos en el modelo propuesto, o en un sentido más amplio, establezca una referencia que brinde certeza a la participación de la sociedad civil. Sin que ello implique decidir sobre los contenidos, puesto que este marco sería únicamente un esquema de interacción sin que se limite en sentido alguno lo que el pluralismo genere por su propia naturaleza dentro de cada uno de los temas.

En este orden de ideas, puede traducirse este modelo de interacción en una *Ley General del Sistema Nacional de Participación de la Sociedad Civil*. Dicha ley, al tener carácter general, aplicaría en todo el país en cuanto a la materia que se refiere. Así, el contenido podría retomar algunos de los elementos anteriormente descritos y establecer por lo tanto un esquema de participación que de certeza y confianza al tercer sector, bajo los tres principios de igualdad de acceso a la participación, participación genuina y la coordinación efectiva entre las partes.

De manera complementaria, debiera adecuarse la normatividad relacionada como lo es el Plan Nacional de Desarrollo, Planes Sectoriales y Programas.

Inclusive, puede retomarse como esquema de coordinación el establecido en la Ley General del Sistema Nacional de Seguridad Pública, un esquema que contiene la estructura de Conferencias -reuniones estratégicas-. Para describirlo brevemente, en modo secuencial, existe un Consejo Nacional de Seguridad Pública, dentro del cual en sesiones públicas se plantean temas estratégicos, mismos que provienen normalmente de las Conferencias. Después, se cuenta con Conferencias Nacionales, ya sean de Seguridad Pública, del Sistema Penitenciario o de Procuración de Justicia; en cada una de ellas, se plantean aspectos de alcance nacional de acuerdo a su materia; y, por último, se cuenta con las Conferencias Regionales, también según su materia. Bajo este esquema muy brevemente descrito, fluyen los temas en orden regional a nacional y viceversa.

Entonces, con una referencia mínima se tendría menos espacio para que gobierno o sociedad civil implementen unilateralmente agendas o se realicen mecanismos de interacción simulados, por lo que se reconocería más bien el esfuerzo que realizan diversas organizaciones para dar atención a demandas sociales.

B. Política Pública

El establecimiento de una normatividad con estas características requiere de una planeación y ejecución conforme a los principios que se pretende invocar, en atención a un principio de congruencia, misma que permitiría espacios de mayor legitimidad y cohesión social que faciliten la plena implementación.

Esquemas tradicionales como foros o similares, no

resultan por sí solos como una vía idónea para este fin. Se requiere de herramientas que genuinamente permitan expresar la naturaleza de un inicio que tiene la intención de generar una interacción efectiva dentro de un marco de una democracia constitucional. Por ejemplo, desde el mismo diseño de un foro, tradicionalmente se encuentran visualmente distinciones entre las partes. Usualmente en un estrado o nivel superior se encuentran autoridades y personalidades relevantes designados por la organización del evento, sin embargo, para fines de diálogo y consenso, son esquemas que no generan amabilidad, apertura, confianza y por lo tanto, dificultan el consenso o generar un consenso falso (Briggs, 2008: 9-10).[14]

En este orden, también no se omite la importancia que tiene que se fije una atención integral como política pública de fortalecimiento a la sociedad civil, dentro de la que se encuentre la capacitación como tarea central. Ante ello, un diagnóstico amplio y actualizado es necesario, para impulsar profesionalización mediante el establecimiento de herramientas internas en las organizaciones de la sociedad civil como planeación, organización interna, recursos humanos, administración,

---

[14] Se requiere un ejercicio de voluntad para ceder la oportunidad de dictar agenda unilateralmente, de allí que resulten prácticos los elementos descritos para realizar un proceso de consenso genuino (Briggs, 2008: 6-8).

monitoreo y evaluación (Castañeda Morales, 2013), y comunicación estratégica, puesto que se presenta una realidad en la que el impacto que tienen algunas actividades y su falta de su comunicación, son contrastantes y es una área que también debe tomarse en cuenta (Durán Bravo, et. al. 2012: 9-10).

4. Conclusiones

A. Riesgos en modelo descrito y precisiones previas para facilitar ejecución.

Como se ha indicado en párrafos anteriores, estos elementos son una aproximación a un modelo que facilite la interacción entre sociedad civil y gobierno en el marco de una democracia constitucional.

Ante esto, es oportuno advertir que la implementación debiera ser realizada por operadores que internalicen el contexto democrático en el que se tiene lugar, el rol del modelo mismo en el contexto, de modo que se identifiquen a si mismos como facilitadores de una interacción necesaria de ser efectiva, pluralista y dinámica. Si existe algún aspecto que pueda vulnerar la confianza ciudadana respecto a ello, se tiene el riesgo de no generar legitimidad y por lo tanto, se vea con desconfianza a las instituciones y a la sociedad civil participante.

Con fines de establecer un plan de implementación, resulta útil establecer un mapa de factores que facilitan y dificultan el proceso para establecer diálogo. Y con base en ello, definir aspectos que ayuden al diseño y ejecución del plan (Grindle, 2005:19).

También, se ve indispensable la aplicación irrenunciable de transparencia, rendición de cuentas y supervisión constante al modelo, puesto que efectos negativos como el desequilibrio en el acceso, la participación o en la interacción en general, pueden propiciar una perversión del modelo, y entonces convertirse en una simulación política, con lo efectos no deseados que de ello derive.

Por último, y no por ello menos importante resulta el presupuesto disponible para implementar una normatividad de este tipo. Por lo que debiera realizarse una previsión presupuestaria conforme al diseño que encuentre consenso.

B. Conclusión general

Un modelo de interacción entre gobierno y sociedad civil dentro de una democracia constitucional atiende al reconocimiento de la efectividad del ejercicio de las libertades civiles, manifiesta evolución institucional y una franca apertura a nuevos esquemas de participación, pero también a la limitación de espacios grises que vulneran la calidad de política pública.

Sin embargo, también sociedad civil debe integrar prácticas democráticas en su interior, para exigir de manera congruente y genuina al exterior, algunas de ellas como liderazgo, transparencia, rendición de cuentas y gestión interna (The Center for Conflict Resolution, 2006: 38).

La democracia constitucional se encuentra viva, de todos los participantes depende solucionar los problemas comunes. Dentro de una tensión constante encuentra en la unidad y cohesión social el apoyo para asimilar los problemas y solucionarlos, y no un espacio para una regresión histórica que vulnere algunos de los derechos fundamentales protegidos actualmente. Como señala Amartya Sen en referencia a un reporte de la Commonwealth Commission, denominado *Civil Paths to Peace,* que los principales factores que se traducen en las rutas cívicas para la paz son el diálogo, libertad de información y discusión sin censura (Sen, 2007: 2). Y advierte sobre el tópico de seguridad, que como seres humanos tenemos distintas afiliaciones, ya sea por nacionalidad, lengua, religión, entre otras, y aunque es una realidad que existe afortunadamente y otorga identidad y brinda diversidad a las comunidades, hay grupos que separan e intensifican alguna de ellas por separado, crean radicalismo y generan violencia (Sen, 2007: 2-5). Actualmente, es menester recurrir a estas ideas y retomar que el pluralismo es lo que da identidad a las sociedades modernas.

Bibliografía

Becerra, Ricardo, Pedro Salazar y José Woldenberg, (2011), *La mecánica del cambio político en México*, México, Cal y Arena.

Bobbio, Norberto, (1996), *El futuro de la democracia*, México, FCE.

-----, (2003), *Teoría General de la Política*, España, Trotta.

Briggs, Beatrice, (2008), *Introducción al Proceso de Consenso*, México, Instituto Internacional de Facilitación y Consenso.

Caparini, Marina, Philipp Fluri, (2002), *Mapping Civil Society in Defense and Security Affairs An Agenda for Research*, Connections, Vol. 1, No. 4, pp. 51-62, Partnership for Peace Consortium of Defense Academies and Security Studies Institutes.

Conde Flores, Silvia, et. al., (2015), *Cartilla ciudadana,* México, FCE - Fundación Pueblo Arriba.

Consejo Nacional de Evaluación de la Política de Desarrollo Social, (2013), *Manual para el Diseño y la Construcción de Indicadores, Instrumentos principales para el monitoreo de programas sociales de México.* CONEVAL.

Couto, Richard A., Catherine S. Guthrie, (1999), *Making democracy work better: Mediating Structures, Social Capital, and the Democratic Prospect,* Estados Unidos, The University of North Carolina Press.

De Tocqueville, Alexis, (2004), *El Antiguo Régimen y la Revolución*, España, Istmo.

England, Madeline, Alix Boucher, (2009), *Security Sector Reform: Thematic Literature Review on Best Practices and Lessons Learned*, United States, The Henry L. Stimson Center.

García, Sergio, et. al., (2007), *Agendas ciudadanas para el fortalecimiento de la sociedad civil*, México, Iniciativa Ciudadana y Desarrollo Social - Incide Social.

Grindle, Merilee S., (2005), *Good Enough Governance Revisited*, Estados Unidos, Harvard University.

Hengstenberg, Peter, et. al., 1999, *Sociedad civil en America Latina: representación de intereses y gobernabilidad*, Venezuela, Nueva Sociedad.

Hirschman, Albert O., (1977), *Salida, Voz y Lealtad*, México, FCE.

Instituto de Capacitación Política, *(1981), Historia documental del Partido de la Revolución*, México, Partido Revolucionario Institucional.

Kenneth Galbraith, John, (1986), *Anatomía del Poder*, México, Diana.

Oficina de las Naciones Unidas contra la Droga y el Delito, (2013), *Guía de introducción a la Prevención de la Reincidencia y la Reintegración Social de Delincuentes*, Serie de Guías de Justicia Penal, Suiza, ONU.

Oficina de las Naciones Unidas contra la Droga y el Delito, (2011), *Handbook on police accountability, oversight and integrity*, Criminal Justice Handbook Series, Suiza, ONU.

Oficina de las Naciones Unidas contra la Droga y el Delito, (2010), *Sistemas policiales de información e inteligencia*, Manual de instrucciones para la evaluación de la justicia penal, Suiza, ONU.

Olvera, Alberto J., (1999), *La sociedad civil:, de la teoría a la realidad,* México, El Colegio de México.

Potter, Joshua D.-Margit Tavits, (2011), *Curbing corruption with political institutions*, Inglaterra, Edward Elgar.

Programa para la Convivencia Ciudadana, Fundación México SOS, (2015), *Sistematización y Guía del Modelo de Mesas de Seguridad y Justicia*, México, Agencia de los Estados Unidos para el Desarrollo Internacional.

Raad voor het Regeringsbeleid, Wetenschappelijke, Scientific Council for Government Policy, (2007), *Civil Society, Rediscovering Europe in the Netherlands*, Netherlands, University Press.

Rubinstein, Juan Carlos, *Crisis de la sociedad civil, Neofeudalización y posfordismo,* España, Trama.

Salazar Ugarte, Pedro, (2006), *La democracia constitucional, una radiografía teórica*, México, FCE-UNAM.

Salinas de Gortari, Carlos, (2010), *Democracia Republicana, Ni Estado ni mercado: una alternativa ciudadana*, México, Debate.

Sartori, Giovanni, (1980), *Partidos y sistema de partidos*, España, Alianza Editorial.

Secretaría de Relaciones Externas, (2010), *Manual para la participación de la sociedad civil en las actividades de la OEA*, Estados Unidos, Organización de los Estados Americanos.

Sen, Amartya, (2007), *Violence and Civil Society*, Peace and Democratic Society, Inglaterra, Open Book.

The Center for Conflict Resolution, (2006), *The Peacebuilding Role of Civil Society in Central Africa*, South Africa, University of Cape Town.

Wences Simon, María Isabel (2006), *Sociedad Civil y virtud cívica en Adam Ferguson,* España, Centro de Estudios Políticos y Constitucionales.

Internet

Alcázar, Fernando, Guadalupe Mendoza, (2017), La sociedad civil en México: Hacia un nuevo modelo, IMCO, https://imco.org.mx/temas/la-sociedad-civil-organizada-mexico-hacia-nuevo-modelo/

Castañeda Morales, Luz Flaviana, (2013), Una mirada a las organizaciones de la sociedad civil en México, UNAM, http://congreso.investiga.fca.unam.mx/docs/xviii/docs/16.14.pdf.

De la Rosa Medellín, Martín, La contraloría social, un derecho de la sociedad civil en México, Agencia de los Estados Unidos para el Desarrollo Internacional, http://dev01.icnl.org/programs/lac/mexico/la-contraloria-social-medellin.pdf.

Dirección de Atención a Medios, (2018), Cuenta Satélite de las Instituciones Sin Fines de Lucro de México, INEGI - Comunicado de Prensa Núm. 131/18, http://www.beta.inegi.org.mx/contenidos/saladeprensa/boletines/2018/StmaCntaNal/csifm2018_03.pdf

Durán Bravo, Patricia, (2012), La comunicación estratégica y la sociedad civil, Razón y Palabra, http://www.razonypalabra.org.mx/N/N79/V79/18_DuranCisnerosMelendezGarcia_V79.pdf

Keane, John, Civil Society, (2009), Definitions and Approaches, John Keane, http://www.johnkeane.net/wp-content/uploads/2009/01/jk_civil_sciety_definitions_encyclopedia.pdf.

M. Salamon, Lester, (1994), Globalization and the Civil Society Sector, http://addes.asso.fr/wp-content/uploads/2015/03/Salamon-globalization.pdf.

-----, (2015), Third Sector Data, Escocia, Think Data Scotland, https://youtu.be/InDIz0Pyuac

Ortega Ávila, Antonio, (2008), "Marcha Blanca" contra el crimen en México, Sección Internacional, El País, https://elpais.com/diario/2008/09/01/internacional/1220220007_850215.html

Normatividad

Constitución Política de los Estados Unidos Mexicanos
Ley General de Desarrollo Social
Ley General del Sistema Nacional de Seguridad Pública
Ley Federal De Fomento A Las Actividades Realizadas Por Organizaciones De La Sociedad Civil
Ley de Coordinación Fiscal
Acuerdo Nacional por la Seguridad, la Justicia y la Legalidad (DOF: 25/08/2008)

Acerca del autor

Nacido en Ciudad de México el 8 de octubre de 1987, uno de cuatro hijos, con lo cual, el interés en la convivencia social democrática surgió en temprana edad.

De profesión abogado, egresado del ITAM, con la oportunidad laboral de participar en el diseño y ejecución de políticas públicas en el orden federal, bajo una óptica "bottom-up". Con esa óptica, se logró conocer servidores públicos de los órdenes federal, estatal y municipal, así como de otros países.

Resultó de ese conocimiento una perspectiva positiva sobre acciones que se realizan diariamente en distintos sectores, sin que necesariamente se dimensione su significado para una comunidad. De allí, surgió el interés en dar a conocer buenas prácticas, por lo que fundó la iniciativa BUPRA, para compartir historias que han impactado de manera positiva en una comunidad, conforme a derechos humanos, democracia, paz, entre otros principios.

Sociedad Civil: ¿Complemento de una democracia constitucional?

- 52 %* de la población no satisfecha con la democracia
- 73 %* en Latinoamérica
- 93 % en* México
- ¿Qué hacemos con la democracia?
- Democracia Constitucional: producto de esfuerzos históricos
- ¿Puede ser sociedad civil un complemento?
- Sociedad civil y gobierno: Interacción beneficiosa
- Democracia participativa más allá de votaciones

* HTTP://WWW.PEWRESEARCH.ORG

www.ingramcontent.com/pod-product-compliance
Lightning Source LLC
Chambersburg PA
CBHW020619220526
45463CB00006B/2627